U0830246

走向名师

第二辑

曾用强　主编

华南理工大学出版社
SOUTH CHINA UNIVERSITY OF TECHNOLOGY PRESS
·广州·

图书在版编目（CIP）数据

走向名师. 第二辑 / 曾用强主编. —广州：华南理工大学出版社，2020.11
ISBN 978-7-5623-6480-1

Ⅰ. ①走…　Ⅱ. ①曾…　Ⅲ. ①中小学-师资培养-研究-广东　Ⅳ. ①G635.12

中国版本图书馆CIP数据核字（2020）第200724号

Zouxiang Mingshi（Di Er Ji）
走向名师（第二辑）
曾用强　主编

出 版 人： 卢家明
出版发行： 华南理工大学出版社
（广州五山华南理工大学17号楼，邮编510640）
http://www.scutpress.com.cn　E-mail: scutc13@scut.edu.cn
营销部电话：020-87113487　87111048（传真）
责任编辑： 黄冰莹
责任校对： 刘惠林
印 刷 者： 佛山家联印刷有限公司
开　　本： 787mm×1092mm　1/16　**印张：** 4.75　**字数：** 34千
版　　次： 2020年11月第1版　2020年11月第1次印刷
定　　价： 29.00元

编 委 会

主 编：曾用强

副主编：方坚伟 梁祖菲

编 委：马永建 王 红 谭丽茵

目　录

绪　言

自 2012 年以来，我校成功承接广东省中小学新一轮“百千万人才培养工程”首批与第二批小学、幼儿园名师培养项目，坚持高端培养的要求，在充分分析小学、幼儿园名师能力需求的基础上，按照“五阶段、五结合”的培养要求，我校以“五项任务”为驱动，通过“诊析、提升、成名”三个环节，形成阶梯式成长的培养模式。

三年来，每一位广东省中小学新一轮“百千万人才培养工程”第二批小学、幼儿园名师培养对象按要求每年撰写一篇教育科研论文；举办一场讲座；讲授一堂示范课；点评一节公开课；组织一次教改研讨会。根据每年的培养目标和研修内容，“五项任务”的要求做到了有所变化、有所提升。培养对象按照既定计划阶梯式地成长，达到了提升培养对象综合素质的预期目标，并在我省基础教育领域取得了良好的社会效应，为他们成就名师打下了坚实的基础。

一、专业发展：走向名师的起点

1. 探讨方法，提升科研能力

教改研究、科研方法的培养也在第一学年第一学期一开始就启动。在入学教育期间，培养对象与导师面对面交流、探讨科研方法。导师通过对培养对象的科研情况进行一次摸底、诊析，初步掌握培养对象的研究能力和存在的现实困惑，并针对不同的培养对象提出了具体可行的建议。导师与名师培养对象面对面探讨，化解了名师培养对象的科研难题，促使培养对象向“科研型”的教师转变，为成就名师之名打下坚实基础。

2. 积极阅读，夯实理论基础

培养对象根据导师组提供的 20 本“名师阅读书目”，有选择地进行精读和泛读，三年内撰写了不少于 5 万字的读书心得、反思等读书笔记；并且在心得、反思的基础上，每年设计出 1 项以上的教学改革方案；在跟岗研修项目中举办了读书沙龙（读书报告会）。

3. 参与大赛，引领教育教学创新

我校项目办与广东省教育技术中心、广东教育学会教育技术专业委员会联合举

办广东省小学、幼儿园“微课”作品征集评选活动，教师在线上传作品达5005件。通过组织省级小学、幼儿园教师“微课”比赛，促进省内各地小学、幼儿园教育教学改革的创新。

4. 送培送教，促进教育均衡发展

培养期间，名师培养对象参加了“送培”“送教”活动。2016—2019年，名师培养对象多次参加省教育厅组织的“走进乡村”教育活动；2017年，第二批幼儿园名师培养对象赴西藏林芝、拉萨地区“送培”“送教”。通过打造一个一线教师与专家及省级名师培养对象交流的平台，分享名师培养对象的先进教学理念和优秀教学、教改成果，促进本地区的教师的专业成长，推动欠发达地区教育质量的提高。

二、多元互动：促进教师专业发展

在培养期间，我们从“学习”与“提升”两个方面入手，多元互动，实现培训模式创新，促进培养对象实现从量变到质变的飞跃。从形式上看，我们的培训模式主要突出了以下特色：开放型而非封闭型、多元型而非单一型、互动型而非灌输型、自主型而非注入型。从方法角度看，我们的培训模式围绕专题讲座和主题任务相结合、导师引领和现场诊析相结合、精选案例和实践体悟相结合、自主学习和观摩反思相结合等设计目标来实施，并且取得可观成效。

1. 导师引领和现场诊析相结合

从第一次集中到第三年的培养周期即将结束，名师培养对象在各自导师组的指导下，交流科研心得，讨论如何结合自己的学科特点和地域特点进行科研工作。导师组的老师对培养对象的个人发展规划进行了多次的认真探讨和分析，把名师培养和个人发展的工作落到实处。

“送教上门”是我校项目办精心安排的又一导师引领模式，“送教上门”分集中组织与分散实施两种形式开展。2017年4月和10月，项目办组织了两次集中“送教上门”活动，为培养对象提供现场指导。与此同时，导师会根据学员的在岗研修过程的要求，进行不定期、个性化的“送教上门”指导。

导师“送教上门”活动的内容涵盖了“如何组建和管理教学科研团队”“工作室主持人的教学特色与理念凝练”“同课异构”“评课辨课”“教育专题沙龙（读书报告会）”“教改研讨会”“专题讲座”等七个方面的内容。

2. 专题讲座和主题任务相结合

为了全方位提升培养对象的教育教学理念，我们在充分分析小学、幼儿园名师能力需求的基础上确定专题讲座的内容。在过去三年的时间里，我们本着通过启发思维、传授知识、改变行动的方针，从校内到校外，从省内到省外，从国内到国外，以各种形式举办了60多场高质量的讲座。这些讲座力求让培养对象在教师教育理念、专业成长、教学风格、课题研究等方面有所突破。每一次集中培训均确立一个主要专题方向，解决培养对象存在的普遍疑惑。以主题任务的形式促进吸收和消化，最后内化为教育教学上的积极行动。

3. 精选案例和实践体悟相结合

在三年的培养期间，项目办精心组织安排了多次“走出去”考察研修学习活动。学习的地点分别在教育以及教育理念相对先进的我国华东、台湾地区和海外的澳大利亚。

2016 年 5 月，56 名小学幼儿园名师培养对象在我校项目办的带领下，进行了为期 14 天的国内考察学习。2016—2017 年，50 名小学和 16 名幼儿园名师培养对象分三批赴我国台湾地区进行教育研习。2017—2018 年，全体小学名师培养对象分二批赴澳大利亚考察，顺利地完成了海外研修学习任务。

培养对象通过多次外出研修中精选的教学案例，既近距离体悟到教育发达地区成熟的办学理念对教育发展的推动，又学习了许多优秀的教学方法和管理技能。

4. 自主学习和观摩反思相结合

三年来，名师培养对象以做读书反思笔记为主的学习内容，结合培训任务在岗自主研修，围绕教学特色与理念凝练、同课异构、评课辩课、教育专题沙龙（读书报告会）、教改研讨会、专题讲座等相关准备工作进行自主学习。

2016 年 4—5 月，小学、幼儿园名师培养对象分成 10 个小组，在广州、珠海等教育相对发达地区的名师工作室进行跟岗学习。

2016 年 7 月，名师培养对象为广东省名师培养项目办领导、教研室专家，以及我校的教授、导师，与首批小学、幼儿园 58 名“百千万人才培养工程”名师培养对象进行了研修成果中期展示活动。通过“同课异构”活动，搭建了一个畅谈教学思想、交流教学设计和展示教学风格的平台。在以“精致教育理念与结构生成课堂教学模式”为主题的教研教改沙龙活动中，名师培养对象们抛砖引玉，用睿智的语言、精辟的观点给我们带来了一场场思辨的盛宴。

2017 年 7 月，为了巩固新一轮“百千万人才培养工程”小学名师培养项目培训成果，展示小学名师培养对象的专业化水平、评课能力和思辨能力，进一步促进不同地区学科教师之间的互动，培养教师队伍的团队合作精神，同时向“百千万人才培养工程”首批培养对象展示培训成果，项目办组织了一次语文、数学、英语的“高效课堂”辩课评课活动。

三、示范引领：成就名师风范

名师培养对象经过三年的努力，充分体现出一个“变”字，即由一名优秀骨干教师“变”成一名名教师。三年来，名师培养对象已具备较高的师德修养、先进的教育理念、较强的科研与教改意识及相应的实践能力。在教学方面不仅具有鲜明的教学风格，还具备了组织领导教学团队进行教学、将先进的教育理念和教学科研技能进行示范传播等方面的能力。每一位名师培养对象通过三年的培养与研修，在素质上达到了以下三个基本要求，为成就名师找到一个发展基点。三个基本要求表现为：一是善于求变，做一名发展型的老师；二是能教会评，做一名思想型的老师；三是融研于教，做一名研究型的老师。

三年来，名师培养对象取得了丰硕的成果。培养对象成长量化数据统计如下：共完成个人专著 34 本，论文 228 篇，课题 128 项，各种获奖与荣誉 194 项，主讲学术报告、专题讲座、公开课、示范课、同课异构等 1938 场次，晋升小副高职称 31 人，被评为省特级教师 18 人。

三年时间里，所有培养对象均已顺利通过终期考核。从考核的结果来看，培养对象的师德表现、学习表现和学习成效均令人满意。考核中培养规划和年度学习计划落实到位，培养对象在培养期间的师德表现、科研成果、工作业绩、社会影响、示范辐射作用等方面达到了预期目标。

培养过程图片展示

开 班 篇

学习的港湾
—幼儿园户外游戏区的创设

waits for no

先进单位
MERRIER

虎
风

导师引领

广东省中小学新一轮
“百千万人才培养工程”培养对象
走进乡村教育第二次活动
启动仪式

新一轮“百千万人才培养工程”培养对象走进乡

主办：广东省中小学教师发展中心语文教

广东省中小学“百千万人才培养工程”小学名教师培养对象跟岗学习

翁源县实验小学
WENGYUAN EXPERIMENTAL PRIMARY SCHOOL

走进翁源——专家、名师送教走乡村活动暨广东省吴夏梅名教师工作室研修活动

ཚང་མ་བུ་ཕྲུག་གི་ཆེད་དུ་ཡིན།
一切为了孩子
热烈欢迎广东省名师团莅临我园送培送教

饶平县城西实验小学
Chengxi Experimental Primary School

2016廣東省百千萬幼兒園
名教師培訓班
開幕式
幼儿园名师
培养对象

赴华东地区学习

求是(星洲)小学

——杭州市星洲小学首届学术节

天鹅在心灵漫舞

JING AN WEI HAI KINDERGARTEN
安区威海路幼儿

赴台湾地区研习

廣東省第二批名教師培養對象赴台培訓班
邀請單位：財團法人東莞台商育苗教育基金會/東莞台商子弟學校

華梵大學
2017廣東省第二批小學名教師培養對象赴台研習班
主辦單位：廣東省教育廳 承辦單位：廣東省外語藝術職業學院/財團法人東莞台商育苗教育基金會

高雄市
廣東省第二批名教師培養對象赴台培訓班
邀請單位：財團法人東莞台商育苗教育基金會/東莞台商子弟學校

2017廣東省第二批小學名教
師培養對象研習培訓班

2016廣東省百千萬幼兒園
名教師培訓班
開幕式

廣東省“百千萬人才培養工程”第二批幼兒園名教師培養對象赴台研習班
邀請單位：財團法人東莞台商育苗教育基金會/東莞台商子弟學校

赴澳洲研修

Rosters and
Timetables

Government
of South Australia

Guangdong Primary School Teacher Group
南澳州政府教育部热烈欢迎
广东省小学名教师赴澳培训班

Moderate the drawings

Learning Technologies in Primary Education
Alex Semmens
Project Officer: Pedagogy
Strategic Design Directorate

Meeting Room

Meeting Room

Aspendale Gardens
Primary School

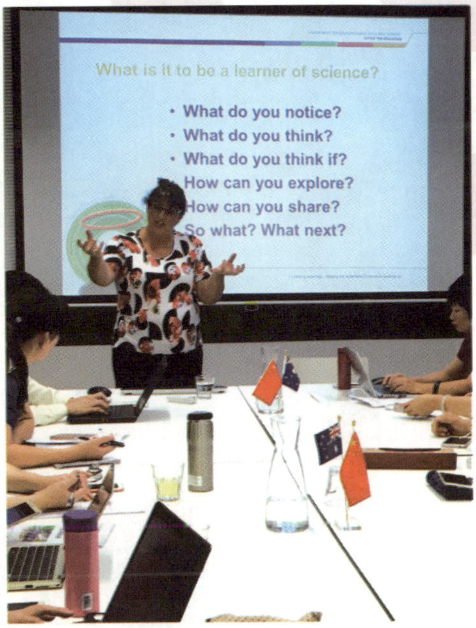
What is it to be a learner of science?
• What do you notice?
• What do you think?
• What do you think if?
• How can you explore?
• How can you share?
• So what? What next?

Guangdong Primary School Teacher Group

歡迎貴賓蒞臨參觀指教

ROSE PARK
PRIMARY SCHOOL

跟岗学习

广东省中小学"百千万人才培养工程"小学名教师培养对象跟岗学习

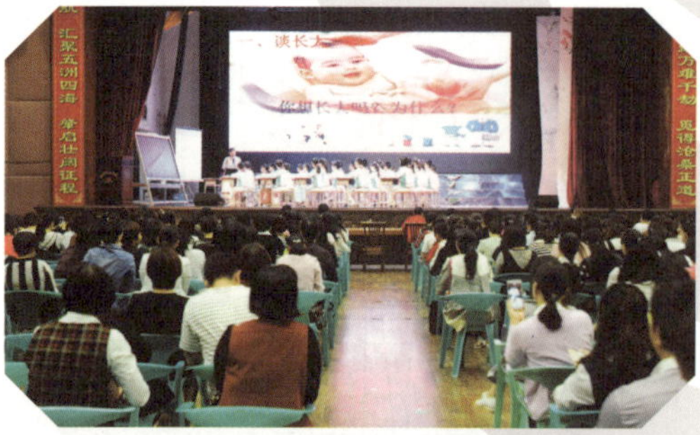

新一轮省“百千万”
第二批小学名教师培养对象
期中学习总结
2017年9月23日

西藏送培送教

广东省中小学新一轮“百千万人才培养
工程”第二批幼儿园名教师培养对象
赴西藏林芝、拉萨地区送培送教活动
启动仪式

林芝市第三幼儿园

教育不是灌输，
而是点燃火焰！

HAPPY

HAPPY

迎广东省名师团莅临我园送
祖国妈妈我爱您

庆祝党的十九大胜利闭幕
祖国妈妈

一切为了孩子
热烈欢迎广东省名师团莅临我园送培送教

HAPPY

HAPPY

绘本
与早期阅读

走进乡村教育

启动仪式

2017年04月10日
星期一
广东省中小学新一轮“百千万人才培养工程”培养对象第二次走进乡村教育活动的全体人员

广东省中小学新一轮"百千万人才培养工程"
培养对象走进乡村教育活动

广东省中小学新一轮"百千万人才培养工程"
培养对象走进乡村教育活动

"百千万人才培养工程"培养对象走进乡村教育
方坚伟
周向军

温馨提示
广东省中小学新一轮"百千万人才培养工程"培养对象走进乡村教育活动。
艺术楼
由此进

总有一天会长大

2017年广东省"百千万人才培养工程"送教乡村教育活动
从问题、专题到课题

广东省中小学新一轮"百千万人才培养工程"培养对象走进乡村教育活动

出花园

办人民满意的教育
创一流的教
广东省中小学新一轮“百千万人才培养工程”
培养对象走进乡村教育活动
签到处

和平县广播电视
和平县社区学院
和平开放大学
和平县教师进修学校
广东省中小学新一轮“百千万人才培养工程”
培养对象走进乡村教育活动

2018年“百千万人才培养工程”培养对象走进乡村教育活动
海丰教育

2019年广东省中小学
新一轮“百千万人才培养工程”培养
对象走进河源市和平县教育活动
启动仪式
2019年4月17日

精湛技术
圆的认识

艺术品→小说
桥

三个儿子

广东新一轮"百千万人才培养工程"第二批小学名教师培养对象"示范引领"暨送培送教活动（潮州饶平）
伯牙绝弦

广东省新一轮“百千万人才培养工程”
第二批幼儿园名教师培养对象“示范引领”暨送培送教活动（

广东省中小学新一轮“百千万人才培养工程”培养对象走进乡

2019年广东省中小学新一轮“百千万人才培养工程”培养对象走进河源市和平县教育活动

走进乡村教育活动（江门鹤山站）

广东省中小学新一轮“百千万人才培养工程”培养对象走进乡村教育活动

培养对象走进乡村教育活动

计算学习病理剖析与思考
才培养工

广东省中小学新一轮“百千万人才培养工程”培养对象走进乡村教育活动
幼儿园一日生活的组织与管理

动时代节拍
音乐

正比例
两种量
相关联
比值一定
正比例关系
正比例的量

小学“百千万人才培养工程”小学名教

走进音乐世界

粤名师大讲堂

学员成果

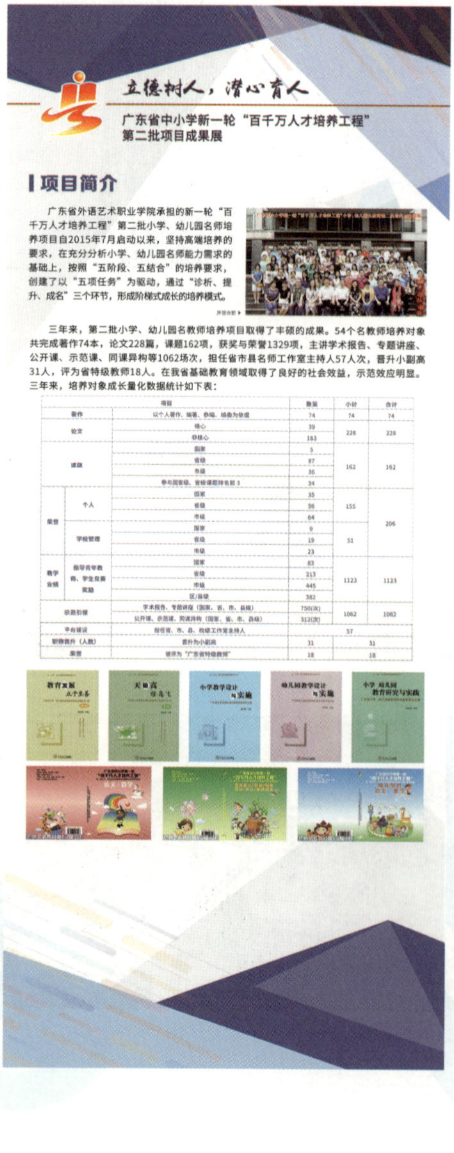

立德树人，潜心育人

广东省中小学新一轮“百千万人才培养工程”第二批项目成果展

项目简介

广东省外语艺术职业学院承担的新一轮“百千万人才培养工程”第二批小学、幼儿园名师培养项目自2015年7月启动以来，坚持高端培养的要求，在充分分析小学、幼儿园名师能力需求的基础上，按照“五阶段、五结合”的培养要求，创建了以“五项任务”为驱动，通过“诊析、提升、成名”三个环节，形成阶梯式成长的培养模式。

开班合影

三年来，第二批小学、幼儿园名教师培养项目取得了丰硕的成果。54个名教师培养对象共完成著作74本，论文228篇，课题162项，获奖与荣誉1329项，主讲学术报告、专题讲座、公开课、示范课、同课异构等1062场次，担任省市县名师工作室主持人57人次，晋升小副高31人，评为省特级教师18人。在我省基础教育领域取得了良好的社会效益，示范效应明显。三年来，培养对象成长量化数据统计如下表：

项目			数量	小计	合计
著作		以个人著作、编著、参编、编委为依据	74	74	74
论文		核心	39	228	228
		非核心	183		
课题		国家	5	162	162
		省级	87		
		市级	36		
		参与国家级、省级课题排名前3	34		
荣誉	个人	国家	35	155	206
		省级	56		
		市级	64		
	学校管理	国家	9	51	
		省级	19		
		市级	23		
教学业绩	指导青年教师、学生竞赛奖励	国家	83	1123	1123
		省级	213		
		市级	445		
		区/县级	382		
示范引领		学术报告、专题讲座（国家、省、市、县级）	750(次)	1062	1062
		公开课、示范课、同课异构（国家、省、市、县级）	312(次)		
平台建设		担任省、市、县、校级工作室主持人	57		
职称晋升（人数）		晋升为小副高	31	31	
荣誉		被评为“广东省特级教师”	18	18	

小学 幼儿园
教育研究与实践
广东省小学、幼儿园名师培养对象优秀论文集

幼儿关键体能
游戏活动设计与实施

笃志乐研

岭南幼儿生活化
美术活动设计与实施

立德树人，潜心育人
广东省中小学新一轮“百千万人才培养工程”
第二批项目成果展
名师风采展示

立德树人，潜心育人
广东省中小学新一轮“百千万人才培养工程”
第二批项目成果展
名师风采展示

立德树人，潜心育人
广东省中小学新一轮“百千万人才培养工程”
第二批项目成果展
名师风采展示

立德树人，潜心育人
广东省中小学新一轮“百千万人才培养工程”
第二批项目成果展
凝聚资源，汇聚力量
为保障项目开展，我校举全校之力，最大限度地调动学校的优质资源。学校校长曾用强教授亲自挂帅担任本项目组组长对项目进行统筹和策划，学校学术委员会语文、数学、英语等学科高级职称专任教师主动承担导师任务，项目组选调校内33名副高以上职称的教师组成一流的专家团队，分成5个导师组进行专门指导。专家团队整体水平高，层次结构合理。
项目名称 | 组别 | 导师名单
项目组组长 | 曾用强
小学名教师培养项目 | 小学语文组 | 张燕、黄柏刚、黄健、曾凡、谭韬、赖雄文
小学数学、信息组 | 凌征强、周向军、金一强、陈子杏、杨伟杰、曾煌存、陈坤健
小学英语组 | 钟莉、刘满菇、冯冰清、赖清燕、魏红梅、徐苏燕
小学多学科组 | 马永健、郑永江、李贞、武胜奇、张茂添、梁志洪、陈雅玲
幼儿园名教师培养项目 | 幼儿园组 | 李青、张莉、杨慧、杨振兴、张力、谢琼
导师组全程跟踪指导

导学
促进小学英语深度学习

多彩教育
——江门市实验小学的教育实践
黑龙江教育出版社

美在翁源
MEI ZAI WENGYUAN

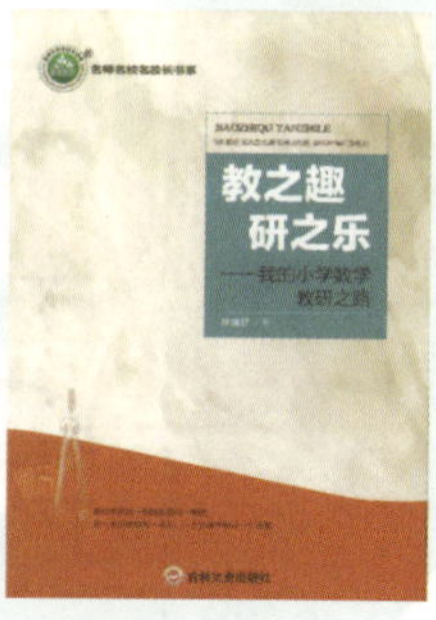
教之趣 研之乐
——我的小学数学教研之路

协助研修 共促发展
——如何有效创建名师工作室

体验数学 灵动思维

小学高年级
开放题教学
主编 / 刘去双

信息技术 无限魅力
本书利用信息技术铸挥世界教室悦化

立德树人，潜心育人
广东省中小学新一轮“百千万人才培养工程”
第二批项目成果展
任务驱动，创新模式
按照“五阶段、五结合”的培养要求，我校创建了以“五项任务”为驱动，通过“诊析、提升、成名”的三个环节，形成阶梯式成长的培养模式。“五项任务”具体为：撰写一篇教育科研论文、举办一场讲座、讲授一堂示范课、点评一节公开课、组织一次教改研讨会。“五个结合”的培养模式有机地融入五个阶段之中，每学年的学习目标逐年提高。 “五项任务”的培养模式，将研修前精心准备、研修中积极参与、研修后研究与追踪三个阶段有机结合起来，是对研修模式的一种创新，有效地提升了培训实效。
具体完成培训任务的内容如下表：
任务驱动

立德树人，潜心育人
广东省中小学新一轮“百千万人才培养工程”
第二批项目成果展
任务驱动，创新模式
培养主题围绕“五项任务”进行，以集中授课、异地（境外、海外）研修、自主研修等形式开展，共完成139天集中培训，每次集中培训均聘请国内外知名基础教育专家进行授课，学员平均参训率94.15%以上。
赴华东研修
赴台湾研修
赴澳洲研修

立德树人，潜心育人
广东省中小学新一轮“百千万人才培养工程”
第二批项目成果展
示范引领，展示风采
我校项目组精心策划了名教师培养对象“送培、送教”活动，推进培养对象在省内基础教育领域里的示范引领、辐射作用。三年来，培养对象送培送教活动，辐射范围遍及全省各地，活动受到各小学、幼儿园教师的热烈欢迎，各地区教育管理部门对送教活动也给予了很高评价。
2017-2019年走进乡村教育活动
项目组积极与广东省第八援藏队对接，组织幼儿园名教师培养对象到西藏林芝及拉萨地区送教送培。
幼儿园名教师西藏送教活动

立德树人，潜心育人
广东省中小学新一轮“百千万人才培养工程”
第二批项目成果展
硕果累累，成就名师
名师教学风采光碟
媒体报道

演
绎音乐教学最美华章

ABC
“三结合”英语教学模式的
实践与研究

基于数学思想方法的
课堂教学

小学数学
创生教学实践与案例
中国言实出版社

刘占双 / 著
小学数学作业
设计与评价36计

深圳市布心小学
布心小学数学网络校本课程
主编：高红妹

国家社会科学基金"十二五"规划
XIANGGANG NEIDI XIAOXUE JIAOCAI DUIBI YANJIU CHENGGUO
小学数学创生教学
两地教学对比

小学数学创生教学实践
高红妹 ○ 主编

国家社会科学基金"十二五"规划
XIAO XUE SHU XUE CHUANG SHENG JIAOXUE LING DAO LI
小学数学创生教学
领导力
高红妹 ○ 主编
广东省高红妹名师工作室编印

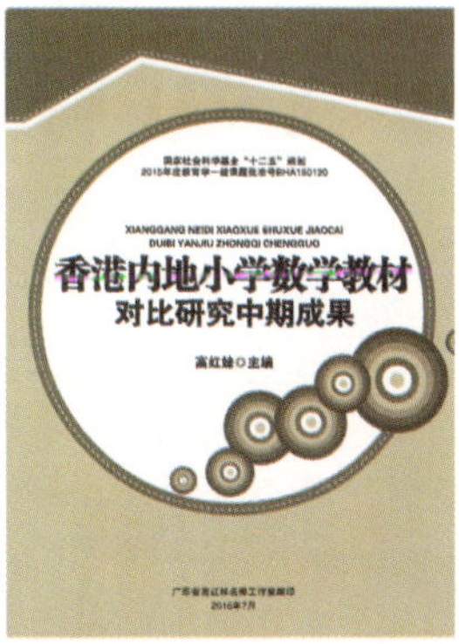
国家社会科学基金"十二五"规划
XIANGGANG NEIDI XIAOXUE SHUXUE JIAOCAI DUIBI YANJIU ZHONGQI CHENGGUO
香港内地小学数学教材
对比研究中期成果
高红妹 ○ 主编

广东省中小学新一轮
"百千万人才培养工程"
幼儿教育
语文、数学

广东省中小学新一轮
"百千万人才培养工程"
信息技术/英语/体育
美术/音乐/特殊教育

小学低年级
开放题教学
主编 / 刘占双
XIAOXUE DINIANJI
KAIFANGTI JIAOXUE

广东省中小学新一轮
"百千万人才培养工程"
语文/数学

广东省中小学第一轮
“百千万人才培养工程”
第二批小学、幼儿园名教师培养对象
教学风采系列光盘
ISBN 978-7-7984-1722-7
出版：广东音像出版社有限公司
②
数学
DISC:2
广东省中小学第一轮
“百千万人才培养工程”
第二批小学、幼儿园名教师培养对象
教学风采系列光盘
ISBN 978-7-7984-1722-7
出版：广东音像出版社有限公司
③
英语
信息技术
DISC:3
广东省中小学第一轮
“百千万人才培养工程”
第二批小学、幼儿园名教师培养对象
教学风采系列光盘
⑥
DISC:6
语文、数学
幼儿教育

名师培养对象个人专著系列丛书
小学语文教学
“125”
名师培养对象个人专著系列丛书
小学语文区域集体
备课：教学知识的
创新与共享
名师培养对象个人专著系列丛书
初心：
小学数学教研行与思
名师培养对象个人专著系列丛书
小学音乐教学中
学生创新能力的
培养与实践
名师培养对象个人专著系列丛书
小学美术游戏化
多媒体教学
名师培养对象个人专著系列丛书
“自然化习作”
课程：指向儿童
核心素养写作

广东省中小学新一轮
"百千万人才培养工程"
第二批小学、幼儿园名教师培养对象
教学风采系列光盘
ISBN 978-7-7984-1722-7
出版：广东音像出版社有限公司
语文
DISC:1
①

广东省中小学新一轮
"百千万人才培养工程"
第二批小学、幼儿园名教师培养对象
教学风采系列光盘
出版：广东音像出版社有限公司
⑤
幼儿教育/科学
DISC5

广东省中小学新一轮
"百千万人才培养工程"
第二批小学、幼儿园名教师培养对象
教学风采系列光盘
ISBN 978-7-7984-1722-7
出版：广东音像出版社有限公司
④
体育/音乐
美术
特殊教育
DISC:4

名师培养对象个人专著系列丛书
小学数学实践中的数学文化重构
名师培养对象个人专著系列丛书
特殊学校班级管理
——给班主任的37封信
名师培养对象个人专著系列丛书
润之无痕，悟之有道
——我的小学音乐本真课堂教学探析
名师培养对象个人专著系列丛书
自主研修：教师专业成长方略
名师培养对象个人专著系列丛书
义务教育学校体育微改革
名师培养对象个人专著系列丛书
教师网络学习共同体与英语教学数字化融合创新

结业总结

1933
华南师范大学
SOUTH CHINA NORMAL UNIVERSITY

广东省外语艺术职业学院（幼儿园

反思
况； 给每个
给家长打电
1933
华南师范大学

1933
华南师范大学

立德树人 潜心育人
广东省中小学新一轮"百千万人才培养工程"
第二批培养项目结业典礼暨总结会
颁发结业证书
立德树人 · 潜心育人

立德树人 潜心育人
广东省中小学新一轮"百千万人才培养工程"
第二批培养项目高峰论坛和成果展开幕式
主办单位：广东省教育厅
承办单位：广东省中小学新一轮"百千万人才培养工程"项目执行办公室
协办单位：华南师范大学
广东第二师范学院
广东省外语艺术职业学院

立德树人 潜心育人
广东省中小学新一轮"百千万人才培养工程"
第二批培养项目高峰论坛和成果展开幕式
【对话论坛】
《名师如何发挥师德作为一种重要育人资源的价值?
主持人：徐向阳（《中小学德育》杂志社编辑部主任、副主编）
对话嘉宾：周峰、刘满菇
学员代表：杨 梅（深圳实验幼儿园执行园长）

立德树人 潜心育人
广东省中小学新一轮“百千万人才培养工程”
第二批培养项目高峰论坛和成果展开幕式
主办单位：广东省教育厅
承办单位：广东省中小学新一轮“百千万人才培养工程”项目执行办公室
协办单位：华南师范大学
广东第二师范学院
广东省外语艺术职业学院

广东省外语艺术职业学院（幼儿园、小学名教师

学员风采

岳旭

向苏龙

刘占双

李彤

叶梅

高红妹

陈郭恒

赖李真

黄嘉碧

吴燕娜

马善波

Guangdong Primary School Teache
南澳州政府教育部热烈欢迎
广东省小学名教师赴澳培训班
谢国刚

李上青

有滋有味的课程
相宜，创造有情有趣的课堂
外相融，开展有声有色的活动
社会课程
健康课程
科学
健康
社会
阅读
梁婉清

South Australian
Government Schools
冯婉霞

陈丽丽
東縣豐源國民小學

周彩霞

邹小婷

曾德统

陆梅红

李思娜

李浩

南澳州政府教育部热烈欢迎
林淑媛
South Australian Government Schools

林焕好

余美珍

陈晓燕

王金发

林琛

陈树德

蔡敏胜

黄伟祥

高飞

卢小娟

李宇韬

许凯

广东省中小学新一轮"百千万人才培养
工程"第二批幼儿园名教师培养对象
赴西藏林芝、拉萨地区送培送教活动
启动仪式
辛小勇

吴冬梅

蔡君

麦榴

杨梅

黄怡珊

开
平
陈洪樱

赵崇锐

王艺澄

周玉坚

冯虹

王维

黄少慧